MONTHLY

JANUARY

FEBRUARY

MARCH

APRIL

MAY

JUNE

JULY

AUGUST

SEPTEMBER

OCTOBER

NOVEMBER

DECEMBER

MONTHLY TO-DO LIST

JANUARY

FEBRUARY

MARCH

APRIL

MAY

JUNE

JULY

AUGUST

SEPTEMBER

OCTOBER

NOVEMBER

DECEMBER

MONTHLY TO-DO LIST

JANUARY

FEBRUARY

MARCH

APRIL

MAY

JUNE

JULY

AUGUST

SEPTEMBER

OCTOBER

NOVEMBER

DECEMBER

MONTHLY TO-DO LIST

JANUARY

- [ ]
- [ ]
- [ ]
- [ ]
- [ ]

FEBRUARY

- [ ]
- [ ]
- [ ]
- [ ]
- [ ]

MARCH

- [ ]
- [ ]
- [ ]
- [ ]
- [ ]

APRIL

- [ ]
- [ ]
- [ ]
- [ ]
- [ ]

MAY

- [ ]
- [ ]
- [ ]
- [ ]
- [ ]

JUNE

- [ ]
- [ ]
- [ ]
- [ ]
- [ ]

JULY

- [ ]
- [ ]
- [ ]
- [ ]
- [ ]

AUGUST

- [ ]
- [ ]
- [ ]
- [ ]
- [ ]

SEPTEMBER

- [ ]
- [ ]
- [ ]
- [ ]
- [ ]

OCTOBER

- [ ]
- [ ]
- [ ]
- [ ]
- [ ]

NOVEMBER

- [ ]
- [ ]
- [ ]
- [ ]
- [ ]

DECEMBER

- [ ]
- [ ]
- [ ]
- [ ]
- [ ]

MONTHLY TO-DO LIST

JANUARY	FEBRUARY	MARCH

APRIL	MAY	JUNE

JULY	AUGUST	SEPTEMBER

OCTOBER	NOVEMBER	DECEMBER

MONTHLY TO-DO LIST

JANUARY

- [ ]
- [ ]
- [ ]
- [ ]
- [ ]

FEBRUARY

- [ ]
- [ ]
- [ ]
- [ ]
- [ ]

MARCH

- [ ]
- [ ]
- [ ]
- [ ]
- [ ]

APRIL

- [ ]
- [ ]
- [ ]
- [ ]
- [ ]

MAY

- [ ]
- [ ]
- [ ]
- [ ]
- [ ]

JUNE

- [ ]
- [ ]
- [ ]
- [ ]
- [ ]

JULY

- [ ]
- [ ]
- [ ]
- [ ]
- [ ]

AUGUST

- [ ]
- [ ]
- [ ]
- [ ]
- [ ]

SEPTEMBER

- [ ]
- [ ]
- [ ]
- [ ]
- [ ]

OCTOBER

- [ ]
- [ ]
- [ ]
- [ ]
- [ ]

NOVEMBER

- [ ]
- [ ]
- [ ]
- [ ]
- [ ]

DECEMBER

- [ ]
- [ ]
- [ ]
- [ ]
- [ ]

MONTHLY TO-DO LIST

JANUARY

FEBRUARY

MARCH

APRIL

MAY

JUNE

JULY

AUGUST

SEPTEMBER

OCTOBER

NOVEMBER

DECEMBER

MONTHLY TO-DO LIST

JANUARY
- [ ]
- [ ]
- [ ]
- [ ]
- [ ]

FEBRUARY
- [ ]
- [ ]
- [ ]
- [ ]
- [ ]

MARCH
- [ ]
- [ ]
- [ ]
- [ ]
- [ ]

APRIL
- [ ]
- [ ]
- [ ]
- [ ]
- [ ]

MAY
- [ ]
- [ ]
- [ ]
- [ ]
- [ ]

JUNE
- [ ]
- [ ]
- [ ]
- [ ]
- [ ]

JULY
- [ ]
- [ ]
- [ ]
- [ ]
- [ ]

AUGUST
- [ ]
- [ ]
- [ ]
- [ ]
- [ ]

SEPTEMBER
- [ ]
- [ ]
- [ ]
- [ ]
- [ ]

OCTOBER
- [ ]
- [ ]
- [ ]
- [ ]
- [ ]

NOVEMBER
- [ ]
- [ ]
- [ ]
- [ ]
- [ ]

DECEMBER
- [ ]
- [ ]
- [ ]
- [ ]
- [ ]

MONTHLY TO-DO LIST

JANUARY	FEBRUARY	MARCH

APRIL	MAY	JUNE

JULY	AUGUST	SEPTEMBER

OCTOBER	NOVEMBER	DECEMBER

MONTHLY TO-DO LIST

JANUARY

- [ ]
- [ ]
- [ ]
- [ ]
- [ ]

FEBRUARY

- [ ]
- [ ]
- [ ]
- [ ]
- [ ]

MARCH

- [ ]
- [ ]
- [ ]
- [ ]
- [ ]

APRIL

- [ ]
- [ ]
- [ ]
- [ ]
- [ ]

MAY

- [ ]
- [ ]
- [ ]
- [ ]
- [ ]

JUNE

- [ ]
- [ ]
- [ ]
- [ ]
- [ ]

JULY

- [ ]
- [ ]
- [ ]
- [ ]
- [ ]

AUGUST

- [ ]
- [ ]
- [ ]
- [ ]
- [ ]

SEPTEMBER

- [ ]
- [ ]
- [ ]
- [ ]
- [ ]

OCTOBER

- [ ]
- [ ]
- [ ]
- [ ]
- [ ]

NOVEMBER

- [ ]
- [ ]
- [ ]
- [ ]
- [ ]

DECEMBER

- [ ]
- [ ]
- [ ]
- [ ]
- [ ]

MONTHLY TO-DO LIST

JANUARY	FEBRUARY	MARCH

APRIL	MAY	JUNE

JULY	AUGUST	SEPTEMBER

OCTOBER	NOVEMBER	DECEMBER

MONTHLY TO-DO LIST

JANUARY

FEBRUARY

MARCH

APRIL

MAY

JUNE

JULY

AUGUST

SEPTEMBER

OCTOBER

NOVEMBER

DECEMBER

MONTHLY TO-DO LIST

| JANUARY | FEBRUARY | MARCH |

| APRIL | MAY | JUNE |

| JULY | AUGUST | SEPTEMBER |

| OCTOBER | NOVEMBER | DECEMBER |

MONTHLY TO-DO LIST

JANUARY

- [ ]
- [ ]
- [ ]
- [ ]
- [ ]

FEBRUARY

- [ ]
- [ ]
- [ ]
- [ ]
- [ ]

MARCH

- [ ]
- [ ]
- [ ]
- [ ]
- [ ]

APRIL

- [ ]
- [ ]
- [ ]
- [ ]
- [ ]

MAY

- [ ]
- [ ]
- [ ]
- [ ]
- [ ]

JUNE

- [ ]
- [ ]
- [ ]
- [ ]
- [ ]

JULY

- [ ]
- [ ]
- [ ]
- [ ]
- [ ]

AUGUST

- [ ]
- [ ]
- [ ]
- [ ]
- [ ]

SEPTEMBER

- [ ]
- [ ]
- [ ]
- [ ]
- [ ]

OCTOBER

- [ ]
- [ ]
- [ ]
- [ ]
- [ ]

NOVEMBER

- [ ]
- [ ]
- [ ]
- [ ]
- [ ]

DECEMBER

- [ ]
- [ ]
- [ ]
- [ ]
- [ ]

MONTHLY TO-DO LIST

JANUARY	FEBRUARY	MARCH
APRIL	MAY	JUNE
JULY	AUGUST	SEPTEMBER
OCTOBER	NOVEMBER	DECEMBER

MONTHLY TO-DO LIST

JANUARY

FEBRUARY

MARCH

APRIL

MAY

JUNE

JULY

AUGUST

SEPTEMBER

OCTOBER

NOVEMBER

DECEMBER

MONTHLY TO-DO LIST

JANUARY	FEBRUARY	MARCH

APRIL	MAY	JUNE

JULY	AUGUST	SEPTEMBER

OCTOBER	NOVEMBER	DECEMBER

MONTHLY TO-DO LIST

JANUARY

FEBRUARY

MARCH

APRIL

MAY

JUNE

JULY

AUGUST

SEPTEMBER

OCTOBER

NOVEMBER

DECEMBER

MONTHLY TO-DO LIST

JANUARY

FEBRUARY

MARCH

APRIL

MAY

JUNE

JULY

AUGUST

SEPTEMBER

OCTOBER

NOVEMBER

DECEMBER

MONTHLY TO-DO LIST

JANUARY	FEBRUARY	MARCH
☐	☐	☐
☐	☐	☐
☐	☐	☐
☐	☐	☐
☐	☐	☐

APRIL	MAY	JUNE
☐	☐	☐
☐	☐	☐
☐	☐	☐
☐	☐	☐
☐	☐	☐

JULY	AUGUST	SEPTEMBER
☐	☐	☐
☐	☐	☐
☐	☐	☐
☐	☐	☐
☐	☐	☐

OCTOBER	NOVEMBER	DECEMBER
☐	☐	☐
☐	☐	☐
☐	☐	☐
☐	☐	☐
☐	☐	☐

MONTHLY TO-DO LIST

JANUARY

FEBRUARY

MARCH

APRIL

MAY

JUNE

JULY

AUGUST

SEPTEMBER

OCTOBER

NOVEMBER

DECEMBER

MONTHLY TO-DO LIST

JANUARY

- [ ]
- [ ]
- [ ]
- [ ]
- [ ]

FEBRUARY

- [ ]
- [ ]
- [ ]
- [ ]
- [ ]

MARCH

- [ ]
- [ ]
- [ ]
- [ ]
- [ ]

APRIL

- [ ]
- [ ]
- [ ]
- [ ]
- [ ]

MAY

- [ ]
- [ ]
- [ ]
- [ ]
- [ ]

JUNE

- [ ]
- [ ]
- [ ]
- [ ]
- [ ]

JULY

- [ ]
- [ ]
- [ ]
- [ ]
- [ ]

AUGUST

- [ ]
- [ ]
- [ ]
- [ ]
- [ ]

SEPTEMBER

- [ ]
- [ ]
- [ ]
- [ ]
- [ ]

OCTOBER

- [ ]
- [ ]
- [ ]
- [ ]
- [ ]

NOVEMBER

- [ ]
- [ ]
- [ ]
- [ ]
- [ ]

DECEMBER

- [ ]
- [ ]
- [ ]
- [ ]
- [ ]

MONTHLY TO-DO LIST

JANUARY	FEBRUARY	MARCH
APRIL	MAY	JUNE
JULY	AUGUST	SEPTEMBER
OCTOBER	NOVEMBER	DECEMBER

MONTHLY TO-DO LIST

JANUARY	FEBRUARY	MARCH

APRIL	MAY	JUNE

JULY	AUGUST	SEPTEMBER

OCTOBER	NOVEMBER	DECEMBER

MONTHLY TO-DO LIST

JANUARY	FEBRUARY	MARCH
APRIL	MAY	JUNE
JULY	AUGUST	SEPTEMBER
OCTOBER	NOVEMBER	DECEMBER

MONTHLY TO-DO LIST

JANUARY

-
-
-
-
-

FEBRUARY

-
-
-
-
-

MARCH

-
-
-
-
-

APRIL

-
-
-
-
-

MAY

-
-
-
-
-

JUNE

-
-
-
-
-

JULY

-
-
-
-
-

AUGUST

-
-
-
-
-

SEPTEMBER

-
-
-
-
-

OCTOBER

-
-
-
-
-

NOVEMBER

-
-
-
-
-

DECEMBER

-
-
-
-
-

MONTHLY TO-DO LIST

JANUARY	FEBRUARY	MARCH

APRIL	MAY	JUNE

JULY	AUGUST	SEPTEMBER

OCTOBER	NOVEMBER	DECEMBER

MONTHLY TO-DO LIST

JANUARY

- [ ]
- [ ]
- [ ]
- [ ]
- [ ]

FEBRUARY

- [ ]
- [ ]
- [ ]
- [ ]
- [ ]

MARCH

- [ ]
- [ ]
- [ ]
- [ ]
- [ ]

APRIL

- [ ]
- [ ]
- [ ]
- [ ]
- [ ]

MAY

- [ ]
- [ ]
- [ ]
- [ ]
- [ ]

JUNE

- [ ]
- [ ]
- [ ]
- [ ]
- [ ]

JULY

- [ ]
- [ ]
- [ ]
- [ ]
- [ ]

AUGUST

- [ ]
- [ ]
- [ ]
- [ ]
- [ ]

SEPTEMBER

- [ ]
- [ ]
- [ ]
- [ ]
- [ ]

OCTOBER

- [ ]
- [ ]
- [ ]
- [ ]
- [ ]

NOVEMBER

- [ ]
- [ ]
- [ ]
- [ ]
- [ ]

DECEMBER

- [ ]
- [ ]
- [ ]
- [ ]
- [ ]

MONTHLY TO-DO LIST

JANUARY

FEBRUARY

MARCH

APRIL

MAY

JUNE

JULY

AUGUST

SEPTEMBER

OCTOBER

NOVEMBER

DECEMBER

MONTHLY TO-DO LIST

JANUARY

- [ ]
- [ ]
- [ ]
- [ ]
- [ ]

FEBRUARY

- [ ]
- [ ]
- [ ]
- [ ]
- [ ]

MARCH

- [ ]
- [ ]
- [ ]
- [ ]
- [ ]

APRIL

- [ ]
- [ ]
- [ ]
- [ ]
- [ ]

MAY

- [ ]
- [ ]
- [ ]
- [ ]
- [ ]

JUNE

- [ ]
- [ ]
- [ ]
- [ ]
- [ ]

JULY

- [ ]
- [ ]
- [ ]
- [ ]
- [ ]

AUGUST

- [ ]
- [ ]
- [ ]
- [ ]
- [ ]

SEPTEMBER

- [ ]
- [ ]
- [ ]
- [ ]
- [ ]

OCTOBER

- [ ]
- [ ]
- [ ]
- [ ]
- [ ]

NOVEMBER

- [ ]
- [ ]
- [ ]
- [ ]
- [ ]

DECEMBER

- [ ]
- [ ]
- [ ]
- [ ]
- [ ]

MONTHLY TO-DO LIST

JANUARY

FEBRUARY

MARCH

APRIL

MAY

JUNE

JULY

AUGUST

SEPTEMBER

OCTOBER

NOVEMBER

DECEMBER

MONTHLY TO-DO LIST

JANUARY

FEBRUARY

MARCH

APRIL

MAY

JUNE

JULY

AUGUST

SEPTEMBER

OCTOBER

NOVEMBER

DECEMBER

MONTHLY TO-DO LIST

JANUARY	FEBRUARY	MARCH

APRIL	MAY	JUNE

JULY	AUGUST	SEPTEMBER

OCTOBER	NOVEMBER	DECEMBER

MONTHLY TO-DO LIST

JANUARY

- [ ]
- [ ]
- [ ]
- [ ]
- [ ]

FEBRUARY

- [ ]
- [ ]
- [ ]
- [ ]
- [ ]

MARCH

- [ ]
- [ ]
- [ ]
- [ ]
- [ ]

APRIL

- [ ]
- [ ]
- [ ]
- [ ]
- [ ]

MAY

- [ ]
- [ ]
- [ ]
- [ ]
- [ ]

JUNE

- [ ]
- [ ]
- [ ]
- [ ]
- [ ]

JULY

- [ ]
- [ ]
- [ ]
- [ ]
- [ ]

AUGUST

- [ ]
- [ ]
- [ ]
- [ ]
- [ ]

SEPTEMBER

- [ ]
- [ ]
- [ ]
- [ ]
- [ ]

OCTOBER

- [ ]
- [ ]
- [ ]
- [ ]
- [ ]

NOVEMBER

- [ ]
- [ ]
- [ ]
- [ ]
- [ ]

DECEMBER

- [ ]
- [ ]
- [ ]
- [ ]
- [ ]

MONTHLY TO-DO LIST

JANUARY

FEBRUARY

MARCH

APRIL

MAY

JUNE

JULY

AUGUST

SEPTEMBER

OCTOBER

NOVEMBER

DECEMBER

MONTHLY TO-DO LIST

JANUARY

FEBRUARY

MARCH

APRIL

MAY

JUNE

JULY

AUGUST

SEPTEMBER

OCTOBER

NOVEMBER

DECEMBER

MONTHLY TO-DO LIST

JANUARY

FEBRUARY

MARCH

APRIL

MAY

JUNE

JULY

AUGUST

SEPTEMBER

OCTOBER

NOVEMBER

DECEMBER

MONTHLY TO-DO LIST

JANUARY

- [ ]
- [ ]
- [ ]
- [ ]
- [ ]

FEBRUARY

- [ ]
- [ ]
- [ ]
- [ ]
- [ ]

MARCH

- [ ]
- [ ]
- [ ]
- [ ]
- [ ]

APRIL

- [ ]
- [ ]
- [ ]
- [ ]
- [ ]

MAY

- [ ]
- [ ]
- [ ]
- [ ]
- [ ]

JUNE

- [ ]
- [ ]
- [ ]
- [ ]
- [ ]

JULY

- [ ]
- [ ]
- [ ]
- [ ]
- [ ]

AUGUST

- [ ]
- [ ]
- [ ]
- [ ]
- [ ]

SEPTEMBER

- [ ]
- [ ]
- [ ]
- [ ]
- [ ]

OCTOBER

- [ ]
- [ ]
- [ ]
- [ ]
- [ ]

NOVEMBER

- [ ]
- [ ]
- [ ]
- [ ]
- [ ]

DECEMBER

- [ ]
- [ ]
- [ ]
- [ ]
- [ ]

MONTHLY TO-DO LIST

JANUARY

FEBRUARY

MARCH

APRIL

MAY

JUNE

JULY

AUGUST

SEPTEMBER

OCTOBER

NOVEMBER

DECEMBER

MONTHLY TO-DO LIST

JANUARY

FEBRUARY

MARCH

APRIL

MAY

JUNE

JULY

AUGUST

SEPTEMBER

OCTOBER

NOVEMBER

DECEMBER

MONTHLY TO-DO LIST

JANUARY	FEBRUARY	MARCH

APRIL	MAY	JUNE

JULY	AUGUST	SEPTEMBER

OCTOBER	NOVEMBER	DECEMBER

MONTHLY TO-DO LIST

JANUARY

FEBRUARY

MARCH

APRIL

MAY

JUNE

JULY

AUGUST

SEPTEMBER

OCTOBER

NOVEMBER

DECEMBER

MONTHLY TO-DO LIST

JANUARY	FEBRUARY	MARCH
APRIL	MAY	JUNE
JULY	AUGUST	SEPTEMBER
OCTOBER	NOVEMBER	DECEMBER

MONTHLY TO-DO LIST

JANUARY	FEBRUARY	MARCH

APRIL	MAY	JUNE

JULY	AUGUST	SEPTEMBER

OCTOBER	NOVEMBER	DECEMBER

MONTHLY TO-DO LIST

JANUARY	FEBRUARY	MARCH
APRIL	MAY	JUNE
JULY	AUGUST	SEPTEMBER
OCTOBER	NOVEMBER	DECEMBER

MONTHLY TO-DO LIST

JANUARY

-
-
-
-
-

FEBRUARY

-
-
-
-
-

MARCH

-
-
-
-
-

APRIL

-
-
-
-
-

MAY

-
-
-
-
-

JUNE

-
-
-
-
-

JULY

-
-
-
-
-

AUGUST

-
-
-
-
-

SEPTEMBER

-
-
-
-
-

OCTOBER

-
-
-
-
-

NOVEMBER

-
-
-
-
-

DECEMBER

-
-
-
-
-

MONTHLY TO-DO LIST

JANUARY	FEBRUARY	MARCH

APRIL	MAY	JUNE

JULY	AUGUST	SEPTEMBER

OCTOBER	NOVEMBER	DECEMBER

MONTHLY TO-DO LIST

JANUARY

FEBRUARY

MARCH

APRIL

MAY

JUNE

JULY

AUGUST

SEPTEMBER

OCTOBER

NOVEMBER

DECEMBER

MONTHLY TO-DO LIST

JANUARY	FEBRUARY	MARCH
APRIL	MAY	JUNE
JULY	AUGUST	SEPTEMBER
OCTOBER	NOVEMBER	DECEMBER

MONTHLY TO-DO LIST

JANUARY

-
-
-
-
-

FEBRUARY

-
-
-
-
-

MARCH

-
-
-
-
-

APRIL

-
-
-
-
-

MAY

-
-
-
-
-

JUNE

-
-
-
-
-

JULY

-
-
-
-
-

AUGUST

-
-
-
-
-

SEPTEMBER

-
-
-
-
-

OCTOBER

-
-
-
-
-

NOVEMBER

-
-
-
-
-

DECEMBER

-
-
-
-
-

MONTHLY TO-DO LIST

JANUARY	FEBRUARY	MARCH

APRIL	MAY	JUNE

JULY	AUGUST	SEPTEMBER

OCTOBER	NOVEMBER	DECEMBER

MONTHLY TO-DO LIST

JANUARY

-
-
-
-
-

FEBRUARY

-
-
-
-
-

MARCH

-
-
-
-
-

APRIL

-
-
-
-
-

MAY

-
-
-
-
-

JUNE

-
-
-
-
-

JULY

-
-
-
-
-

AUGUST

-
-
-
-
-

SEPTEMBER

-
-
-
-
-

OCTOBER

-
-
-
-
-

NOVEMBER

-
-
-
-
-

DECEMBER

-
-
-
-
-

MONTHLY TO-DO LIST

JANUARY

FEBRUARY

MARCH

APRIL

MAY

JUNE

JULY

AUGUST

SEPTEMBER

OCTOBER

NOVEMBER

DECEMBER

MONTHLY TO-DO LIST

JANUARY

- [ ]
- [ ]
- [ ]
- [ ]
- [ ]

FEBRUARY

- [ ]
- [ ]
- [ ]
- [ ]
- [ ]

MARCH

- [ ]
- [ ]
- [ ]
- [ ]
- [ ]

APRIL

- [ ]
- [ ]
- [ ]
- [ ]
- [ ]

MAY

- [ ]
- [ ]
- [ ]
- [ ]
- [ ]

JUNE

- [ ]
- [ ]
- [ ]
- [ ]
- [ ]

JULY

- [ ]
- [ ]
- [ ]
- [ ]
- [ ]

AUGUST

- [ ]
- [ ]
- [ ]
- [ ]
- [ ]

SEPTEMBER

- [ ]
- [ ]
- [ ]
- [ ]
- [ ]

OCTOBER

- [ ]
- [ ]
- [ ]
- [ ]
- [ ]

NOVEMBER

- [ ]
- [ ]
- [ ]
- [ ]
- [ ]

DECEMBER

- [ ]
- [ ]
- [ ]
- [ ]
- [ ]

MONTHLY TO-DO LIST

JANUARY

FEBRUARY

MARCH

APRIL

MAY

JUNE

JULY

AUGUST

SEPTEMBER

OCTOBER

NOVEMBER

DECEMBER

MONTHLY TO-DO LIST

JANUARY

- [ ]
- [ ]
- [ ]
- [ ]
- [ ]

FEBRUARY

- [ ]
- [ ]
- [ ]
- [ ]
- [ ]

MARCH

- [ ]
- [ ]
- [ ]
- [ ]
- [ ]

APRIL

- [ ]
- [ ]
- [ ]
- [ ]
- [ ]

MAY

- [ ]
- [ ]
- [ ]
- [ ]
- [ ]

JUNE

- [ ]
- [ ]
- [ ]
- [ ]
- [ ]

JULY

- [ ]
- [ ]
- [ ]
- [ ]
- [ ]

AUGUST

- [ ]
- [ ]
- [ ]
- [ ]
- [ ]

SEPTEMBER

- [ ]
- [ ]
- [ ]
- [ ]
- [ ]

OCTOBER

- [ ]
- [ ]
- [ ]
- [ ]
- [ ]

NOVEMBER

- [ ]
- [ ]
- [ ]
- [ ]
- [ ]

DECEMBER

- [ ]
- [ ]
- [ ]
- [ ]
- [ ]

MONTHLY TO-DO LIST

| JANUARY | FEBRUARY | MARCH |

| APRIL | MAY | JUNE |

| JULY | AUGUST | SEPTEMBER |

| OCTOBER | NOVEMBER | DECEMBER |

MONTHLY TO-DO LIST

JANUARY

- [ ]
- [ ]
- [ ]
- [ ]
- [ ]

FEBRUARY

- [ ]
- [ ]
- [ ]
- [ ]
- [ ]

MARCH

- [ ]
- [ ]
- [ ]
- [ ]
- [ ]

APRIL

- [ ]
- [ ]
- [ ]
- [ ]
- [ ]

MAY

- [ ]
- [ ]
- [ ]
- [ ]
- [ ]

JUNE

- [ ]
- [ ]
- [ ]
- [ ]
- [ ]

JULY

- [ ]
- [ ]
- [ ]
- [ ]
- [ ]

AUGUST

- [ ]
- [ ]
- [ ]
- [ ]
- [ ]

SEPTEMBER

- [ ]
- [ ]
- [ ]
- [ ]
- [ ]

OCTOBER

- [ ]
- [ ]
- [ ]
- [ ]
- [ ]

NOVEMBER

- [ ]
- [ ]
- [ ]
- [ ]
- [ ]

DECEMBER

- [ ]
- [ ]
- [ ]
- [ ]
- [ ]

MONTHLY TO-DO LIST

JANUARY	FEBRUARY	MARCH

APRIL	MAY	JUNE

JULY	AUGUST	SEPTEMBER

OCTOBER	NOVEMBER	DECEMBER

MONTHLY TO-DO LIST

JANUARY

- [ ]
- [ ]
- [ ]
- [ ]
- [ ]

FEBRUARY

- [ ]
- [ ]
- [ ]
- [ ]
- [ ]

MARCH

- [ ]
- [ ]
- [ ]
- [ ]
- [ ]

APRIL

- [ ]
- [ ]
- [ ]
- [ ]
- [ ]

MAY

- [ ]
- [ ]
- [ ]
- [ ]
- [ ]

JUNE

- [ ]
- [ ]
- [ ]
- [ ]
- [ ]

JULY

- [ ]
- [ ]
- [ ]
- [ ]
- [ ]

AUGUST

- [ ]
- [ ]
- [ ]
- [ ]
- [ ]

SEPTEMBER

- [ ]
- [ ]
- [ ]
- [ ]
- [ ]

OCTOBER

- [ ]
- [ ]
- [ ]
- [ ]
- [ ]

NOVEMBER

- [ ]
- [ ]
- [ ]
- [ ]
- [ ]

DECEMBER

- [ ]
- [ ]
- [ ]
- [ ]
- [ ]

MONTHLY TO-DO LIST

JANUARY

FEBRUARY

MARCH

APRIL

MAY

JUNE

JULY

AUGUST

SEPTEMBER

OCTOBER

NOVEMBER

DECEMBER

MONTHLY TO-DO LIST

JANUARY

- [ ]
- [ ]
- [ ]
- [ ]
- [ ]

FEBRUARY

- [ ]
- [ ]
- [ ]
- [ ]
- [ ]

MARCH

- [ ]
- [ ]
- [ ]
- [ ]
- [ ]

APRIL

- [ ]
- [ ]
- [ ]
- [ ]
- [ ]

MAY

- [ ]
- [ ]
- [ ]
- [ ]
- [ ]

JUNE

- [ ]
- [ ]
- [ ]
- [ ]
- [ ]

JULY

- [ ]
- [ ]
- [ ]
- [ ]
- [ ]

AUGUST

- [ ]
- [ ]
- [ ]
- [ ]
- [ ]

SEPTEMBER

- [ ]
- [ ]
- [ ]
- [ ]
- [ ]

OCTOBER

- [ ]
- [ ]
- [ ]
- [ ]
- [ ]

NOVEMBER

- [ ]
- [ ]
- [ ]
- [ ]
- [ ]

DECEMBER

- [ ]
- [ ]
- [ ]
- [ ]
- [ ]

MONTHLY TO-DO LIST

JANUARY

FEBRUARY

MARCH

APRIL

MAY

JUNE

JULY

AUGUST

SEPTEMBER

OCTOBER

NOVEMBER

DECEMBER

MONTHLY TO-DO LIST

JANUARY

- [ ]
- [ ]
- [ ]
- [ ]
- [ ]

FEBRUARY

- [ ]
- [ ]
- [ ]
- [ ]
- [ ]

MARCH

- [ ]
- [ ]
- [ ]
- [ ]
- [ ]

APRIL

- [ ]
- [ ]
- [ ]
- [ ]
- [ ]

MAY

- [ ]
- [ ]
- [ ]
- [ ]
- [ ]

JUNE

- [ ]
- [ ]
- [ ]
- [ ]
- [ ]

JULY

- [ ]
- [ ]
- [ ]
- [ ]
- [ ]

AUGUST

- [ ]
- [ ]
- [ ]
- [ ]
- [ ]

SEPTEMBER

- [ ]
- [ ]
- [ ]
- [ ]
- [ ]

OCTOBER

- [ ]
- [ ]
- [ ]
- [ ]
- [ ]

NOVEMBER

- [ ]
- [ ]
- [ ]
- [ ]
- [ ]

DECEMBER

- [ ]
- [ ]
- [ ]
- [ ]
- [ ]

MONTHLY TO-DO LIST

JANUARY

FEBRUARY

MARCH

APRIL

MAY

JUNE

JULY

AUGUST

SEPTEMBER

OCTOBER

NOVEMBER

DECEMBER

MONTHLY TO-DO LIST

JANUARY

- [ ]
- [ ]
- [ ]
- [ ]
- [ ]

FEBRUARY

- [ ]
- [ ]
- [ ]
- [ ]
- [ ]

MARCH

- [ ]
- [ ]
- [ ]
- [ ]
- [ ]

APRIL

- [ ]
- [ ]
- [ ]
- [ ]
- [ ]

MAY

- [ ]
- [ ]
- [ ]
- [ ]
- [ ]

JUNE

- [ ]
- [ ]
- [ ]
- [ ]
- [ ]

JULY

- [ ]
- [ ]
- [ ]
- [ ]
- [ ]

AUGUST

- [ ]
- [ ]
- [ ]
- [ ]
- [ ]

SEPTEMBER

- [ ]
- [ ]
- [ ]
- [ ]
- [ ]

OCTOBER

- [ ]
- [ ]
- [ ]
- [ ]
- [ ]

NOVEMBER

- [ ]
- [ ]
- [ ]
- [ ]
- [ ]

DECEMBER

- [ ]
- [ ]
- [ ]
- [ ]
- [ ]

MONTHLY TO-DO LIST

JANUARY	FEBRUARY	MARCH

APRIL	MAY	JUNE

JULY	AUGUST	SEPTEMBER

OCTOBER	NOVEMBER	DECEMBER

MONTHLY TO-DO LIST

JANUARY

FEBRUARY

MARCH

APRIL

MAY

JUNE

JULY

AUGUST

SEPTEMBER

OCTOBER

NOVEMBER

DECEMBER

MONTHLY TO-DO LIST

JANUARY

FEBRUARY

MARCH

APRIL

MAY

JUNE

JULY

AUGUST

SEPTEMBER

OCTOBER

NOVEMBER

DECEMBER

MONTHLY TO-DO LIST

JANUARY

-
-
-
-
-

FEBRUARY

-
-
-
-
-

MARCH

-
-
-
-
-

APRIL

-
-
-
-
-

MAY

-
-
-
-
-

JUNE

-
-
-
-
-

JULY

-
-
-
-
-

AUGUST

-
-
-
-
-

SEPTEMBER

-
-
-
-
-

OCTOBER

-
-
-
-
-

NOVEMBER

-
-
-
-
-

DECEMBER

-
-
-
-
-

MONTHLY TO-DO LIST

JANUARY	FEBRUARY	MARCH

APRIL	MAY	JUNE

JULY	AUGUST	SEPTEMBER

OCTOBER	NOVEMBER	DECEMBER

MONTHLY TO-DO LIST

JANUARY

FEBRUARY

MARCH

APRIL

MAY

JUNE

JULY

AUGUST

SEPTEMBER

OCTOBER

NOVEMBER

DECEMBER

MONTHLY TO-DO LIST

JANUARY	FEBRUARY	MARCH

APRIL	MAY	JUNE

JULY	AUGUST	SEPTEMBER

OCTOBER	NOVEMBER	DECEMBER

MONTHLY TO-DO LIST

JANUARY

- [ ]
- [ ]
- [ ]
- [ ]
- [ ]

FEBRUARY

- [ ]
- [ ]
- [ ]
- [ ]
- [ ]

MARCH

- [ ]
- [ ]
- [ ]
- [ ]
- [ ]

APRIL

- [ ]
- [ ]
- [ ]
- [ ]
- [ ]

MAY

- [ ]
- [ ]
- [ ]
- [ ]
- [ ]

JUNE

- [ ]
- [ ]
- [ ]
- [ ]
- [ ]

JULY

- [ ]
- [ ]
- [ ]
- [ ]
- [ ]

AUGUST

- [ ]
- [ ]
- [ ]
- [ ]
- [ ]

SEPTEMBER

- [ ]
- [ ]
- [ ]
- [ ]
- [ ]

OCTOBER

- [ ]
- [ ]
- [ ]
- [ ]
- [ ]

NOVEMBER

- [ ]
- [ ]
- [ ]
- [ ]
- [ ]

DECEMBER

- [ ]
- [ ]
- [ ]
- [ ]
- [ ]

MONTHLY TO-DO LIST

JANUARY	FEBRUARY	MARCH
APRIL	MAY	JUNE
JULY	AUGUST	SEPTEMBER
OCTOBER	NOVEMBER	DECEMBER

MONTHLY TO-DO LIST

JANUARY

-
-
-
-
-

FEBRUARY

-
-
-
-
-

MARCH

-
-
-
-
-

APRIL

-
-
-
-
-

MAY

-
-
-
-
-

JUNE

-
-
-
-
-

JULY

-
-
-
-
-

AUGUST

-
-
-
-
-

SEPTEMBER

-
-
-
-
-

OCTOBER

-
-
-
-
-

NOVEMBER

-
-
-
-
-

DECEMBER

-
-
-
-
-

MONTHLY TO-DO LIST

JANUARY	FEBRUARY	MARCH

APRIL	MAY	JUNE

JULY	AUGUST	SEPTEMBER

OCTOBER	NOVEMBER	DECEMBER

MONTHLY TO-DO LIST

JANUARY

- [ ]
- [ ]
- [ ]
- [ ]
- [ ]

FEBRUARY

- [ ]
- [ ]
- [ ]
- [ ]
- [ ]

MARCH

- [ ]
- [ ]
- [ ]
- [ ]
- [ ]

APRIL

- [ ]
- [ ]
- [ ]
- [ ]
- [ ]

MAY

- [ ]
- [ ]
- [ ]
- [ ]
- [ ]

JUNE

- [ ]
- [ ]
- [ ]
- [ ]
- [ ]

JULY

- [ ]
- [ ]
- [ ]
- [ ]
- [ ]

AUGUST

- [ ]
- [ ]
- [ ]
- [ ]
- [ ]

SEPTEMBER

- [ ]
- [ ]
- [ ]
- [ ]
- [ ]

OCTOBER

- [ ]
- [ ]
- [ ]
- [ ]
- [ ]

NOVEMBER

- [ ]
- [ ]
- [ ]
- [ ]
- [ ]

DECEMBER

- [ ]
- [ ]
- [ ]
- [ ]
- [ ]

MONTHLY TO-DO LIST

JANUARY	FEBRUARY	MARCH

APRIL	MAY	JUNE

JULY	AUGUST	SEPTEMBER

OCTOBER	NOVEMBER	DECEMBER

MONTHLY TO-DO LIST

JANUARY

FEBRUARY

MARCH

APRIL

MAY

JUNE

JULY

AUGUST

SEPTEMBER

OCTOBER

NOVEMBER

DECEMBER

MONTHLY TO-DO LIST

JANUARY	FEBRUARY	MARCH
APRIL	MAY	JUNE
JULY	AUGUST	SEPTEMBER
OCTOBER	NOVEMBER	DECEMBER

MONTHLY TO-DO LIST

JANUARY

FEBRUARY

MARCH

APRIL

MAY

JUNE

JULY

AUGUST

SEPTEMBER

OCTOBER

NOVEMBER

DECEMBER

MONTHLY TO-DO LIST

JANUARY	FEBRUARY	MARCH

APRIL	MAY	JUNE

JULY	AUGUST	SEPTEMBER

OCTOBER	NOVEMBER	DECEMBER

MONTHLY TO-DO LIST

JANUARY

- [ ]
- [ ]
- [ ]
- [ ]
- [ ]

FEBRUARY

- [ ]
- [ ]
- [ ]
- [ ]
- [ ]

MARCH

- [ ]
- [ ]
- [ ]
- [ ]
- [ ]

APRIL

- [ ]
- [ ]
- [ ]
- [ ]
- [ ]

MAY

- [ ]
- [ ]
- [ ]
- [ ]
- [ ]

JUNE

- [ ]
- [ ]
- [ ]
- [ ]
- [ ]

JULY

- [ ]
- [ ]
- [ ]
- [ ]
- [ ]

AUGUST

- [ ]
- [ ]
- [ ]
- [ ]
- [ ]

SEPTEMBER

- [ ]
- [ ]
- [ ]
- [ ]
- [ ]

OCTOBER

- [ ]
- [ ]
- [ ]
- [ ]
- [ ]

NOVEMBER

- [ ]
- [ ]
- [ ]
- [ ]
- [ ]

DECEMBER

- [ ]
- [ ]
- [ ]
- [ ]
- [ ]

MONTHLY TO-DO LIST

JANUARY	FEBRUARY	MARCH

APRIL	MAY	JUNE

JULY	AUGUST	SEPTEMBER

OCTOBER	NOVEMBER	DECEMBER

MONTHLY TO-DO LIST

JANUARY

- [ ]
- [ ]
- [ ]
- [ ]
- [ ]

FEBRUARY

- [ ]
- [ ]
- [ ]
- [ ]

MARCH

- [ ]
- [ ]
- [ ]
- [ ]
- [ ]

APRIL

- [ ]
- [ ]
- [ ]
- [ ]
- [ ]

MAY

- [ ]
- [ ]
- [ ]
- [ ]
- [ ]

JUNE

- [ ]
- [ ]
- [ ]
- [ ]

JULY

- [ ]
- [ ]
- [ ]
- [ ]
- [ ]

AUGUST

- [ ]
- [ ]
- [ ]
- [ ]
- [ ]

SEPTEMBER

- [ ]
- [ ]
- [ ]
- [ ]
- [ ]

OCTOBER

- [ ]
- [ ]
- [ ]
- [ ]
- [ ]

NOVEMBER

- [ ]
- [ ]
- [ ]
- [ ]
- [ ]

DECEMBER

- [ ]
- [ ]
- [ ]
- [ ]
- [ ]

MONTHLY TO-DO LIST

JANUARY	FEBRUARY	MARCH
APRIL	MAY	JUNE
JULY	AUGUST	SEPTEMBER
OCTOBER	NOVEMBER	DECEMBER

MONTHLY TO-DO LIST

JANUARY

- ☐
- ☐
- ☐
- ☐
- ☐

FEBRUARY

- ☐
- ☐
- ☐
- ☐
- ☐

MARCH

- ☐
- ☐
- ☐
- ☐
- ☐

APRIL

- ☐
- ☐
- ☐
- ☐
- ☐

MAY

- ☐
- ☐
- ☐
- ☐
- ☐

JUNE

- ☐
- ☐
- ☐
- ☐
- ☐

JULY

- ☐
- ☐
- ☐
- ☐
- ☐

AUGUST

- ☐
- ☐
- ☐
- ☐
- ☐

SEPTEMBER

- ☐
- ☐
- ☐
- ☐
- ☐

OCTOBER

- ☐
- ☐
- ☐
- ☐
- ☐

NOVEMBER

- ☐
- ☐
- ☐
- ☐
- ☐

DECEMBER

- ☐
- ☐
- ☐
- ☐
- ☐

MONTHLY TO-DO LIST

JANUARY	FEBRUARY	MARCH

APRIL	MAY	JUNE

JULY	AUGUST	SEPTEMBER

OCTOBER	NOVEMBER	DECEMBER

MONTHLY TO-DO LIST

JANUARY

FEBRUARY

MARCH

APRIL

MAY

JUNE

JULY

AUGUST

SEPTEMBER

OCTOBER

NOVEMBER

DECEMBER

MONTHLY TO-DO LIST

JANUARY	FEBRUARY	MARCH

APRIL	MAY	JUNE

JULY	AUGUST	SEPTEMBER

OCTOBER	NOVEMBER	DECEMBER

MONTHLY TO-DO LIST

JANUARY

- [ ]
- [ ]
- [ ]
- [ ]
- [ ]

FEBRUARY

- [ ]
- [ ]
- [ ]
- [ ]
- [ ]

MARCH

- [ ]
- [ ]
- [ ]
- [ ]
- [ ]

APRIL

- [ ]
- [ ]
- [ ]
- [ ]
- [ ]

MAY

- [ ]
- [ ]
- [ ]
- [ ]
- [ ]

JUNE

- [ ]
- [ ]
- [ ]
- [ ]
- [ ]

JULY

- [ ]
- [ ]
- [ ]
- [ ]
- [ ]

AUGUST

- [ ]
- [ ]
- [ ]
- [ ]
- [ ]

SEPTEMBER

- [ ]
- [ ]
- [ ]
- [ ]
- [ ]

OCTOBER

- [ ]
- [ ]
- [ ]
- [ ]
- [ ]

NOVEMBER

- [ ]
- [ ]
- [ ]
- [ ]
- [ ]

DECEMBER

- [ ]
- [ ]
- [ ]
- [ ]
- [ ]

MONTHLY TO-DO LIST

JANUARY	FEBRUARY	MARCH

APRIL	MAY	JUNE

JULY	AUGUST	SEPTEMBER

OCTOBER	NOVEMBER	DECEMBER

MONTHLY TO-DO LIST

JANUARY

- [ ]
- [ ]
- [ ]
- [ ]
- [ ]

FEBRUARY

- [ ]
- [ ]
- [ ]
- [ ]
- [ ]

MARCH

- [ ]
- [ ]
- [ ]
- [ ]
- [ ]

APRIL

- [ ]
- [ ]
- [ ]
- [ ]
- [ ]

MAY

- [ ]
- [ ]
- [ ]
- [ ]
- [ ]

JUNE

- [ ]
- [ ]
- [ ]
- [ ]
- [ ]

JULY

- [ ]
- [ ]
- [ ]
- [ ]
- [ ]

AUGUST

- [ ]
- [ ]
- [ ]
- [ ]
- [ ]

SEPTEMBER

- [ ]
- [ ]
- [ ]
- [ ]
- [ ]

OCTOBER

- [ ]
- [ ]
- [ ]
- [ ]
- [ ]

NOVEMBER

- [ ]
- [ ]
- [ ]
- [ ]
- [ ]

DECEMBER

- [ ]
- [ ]
- [ ]
- [ ]
- [ ]

MONTHLY TO-DO LIST

JANUARY	FEBRUARY	MARCH

APRIL	MAY	JUNE

JULY	AUGUST	SEPTEMBER

OCTOBER	NOVEMBER	DECEMBER

MONTHLY TO-DO LIST

JANUARY

FEBRUARY

MARCH

APRIL

MAY

JUNE

JULY

AUGUST

SEPTEMBER

OCTOBER

NOVEMBER

DECEMBER

MONTHLY TO-DO LIST

| JANUARY | FEBRUARY | MARCH |

| APRIL | MAY | JUNE |

| JULY | AUGUST | SEPTEMBER |

| OCTOBER | NOVEMBER | DECEMBER |

MONTHLY TO-DO LIST

JANUARY

- [ ]
- [ ]
- [ ]
- [ ]
- [ ]

FEBRUARY

- [ ]
- [ ]
- [ ]
- [ ]
- [ ]

MARCH

- [ ]
- [ ]
- [ ]
- [ ]
- [ ]

APRIL

- [ ]
- [ ]
- [ ]
- [ ]
- [ ]

MAY

- [ ]
- [ ]
- [ ]
- [ ]
- [ ]

JUNE

- [ ]
- [ ]
- [ ]
- [ ]
- [ ]

JULY

- [ ]
- [ ]
- [ ]
- [ ]
- [ ]

AUGUST

- [ ]
- [ ]
- [ ]
- [ ]
- [ ]

SEPTEMBER

- [ ]
- [ ]
- [ ]
- [ ]
- [ ]

OCTOBER

- [ ]
- [ ]
- [ ]
- [ ]
- [ ]

NOVEMBER

- [ ]
- [ ]
- [ ]
- [ ]
- [ ]

DECEMBER

- [ ]
- [ ]
- [ ]
- [ ]
- [ ]

MONTHLY TO-DO LIST

JANUARY	FEBRUARY	MARCH

APRIL	MAY	JUNE

JULY	AUGUST	SEPTEMBER

OCTOBER	NOVEMBER	DECEMBER

MONTHLY TO-DO LIST

JANUARY

- [ ]
- [ ]
- [ ]
- [ ]
- [ ]

FEBRUARY

- [ ]
- [ ]
- [ ]
- [ ]
- [ ]

MARCH

- [ ]
- [ ]
- [ ]
- [ ]
- [ ]

APRIL

- [ ]
- [ ]
- [ ]
- [ ]
- [ ]

MAY

- [ ]
- [ ]
- [ ]
- [ ]
- [ ]

JUNE

- [ ]
- [ ]
- [ ]
- [ ]
- [ ]

JULY

- [ ]
- [ ]
- [ ]
- [ ]
- [ ]

AUGUST

- [ ]
- [ ]
- [ ]
- [ ]
- [ ]

SEPTEMBER

- [ ]
- [ ]
- [ ]
- [ ]
- [ ]

OCTOBER

- [ ]
- [ ]
- [ ]
- [ ]
- [ ]

NOVEMBER

- [ ]
- [ ]
- [ ]
- [ ]
- [ ]

DECEMBER

- [ ]
- [ ]
- [ ]
- [ ]
- [ ]

MONTHLY TO-DO LIST

JANUARY	FEBRUARY	MARCH

APRIL	MAY	JUNE

JULY	AUGUST	SEPTEMBER

OCTOBER	NOVEMBER	DECEMBER

MONTHLY TO-DO LIST

JANUARY

- [ ]
- [ ]
- [ ]
- [ ]
- [ ]

FEBRUARY

- [ ]
- [ ]
- [ ]
- [ ]
- [ ]

MARCH

- [ ]
- [ ]
- [ ]
- [ ]
- [ ]

APRIL

- [ ]
- [ ]
- [ ]
- [ ]
- [ ]

MAY

- [ ]
- [ ]
- [ ]
- [ ]
- [ ]

JUNE

- [ ]
- [ ]
- [ ]
- [ ]
- [ ]

JULY

- [ ]
- [ ]
- [ ]
- [ ]
- [ ]

AUGUST

- [ ]
- [ ]
- [ ]
- [ ]
- [ ]

SEPTEMBER

- [ ]
- [ ]
- [ ]
- [ ]
- [ ]

OCTOBER

- [ ]
- [ ]
- [ ]
- [ ]
- [ ]

NOVEMBER

- [ ]
- [ ]
- [ ]
- [ ]
- [ ]

DECEMBER

- [ ]
- [ ]
- [ ]
- [ ]
- [ ]

MONTHLY TO-DO LIST

JANUARY	FEBRUARY	MARCH
APRIL	MAY	JUNE
JULY	AUGUST	SEPTEMBER
OCTOBER	NOVEMBER	DECEMBER

MONTHLY TO-DO LIST

JANUARY

- [ ]
- [ ]
- [ ]
- [ ]
- [ ]

FEBRUARY

- [ ]
- [ ]
- [ ]
- [ ]
- [ ]

MARCH

- [ ]
- [ ]
- [ ]
- [ ]
- [ ]

APRIL

- [ ]
- [ ]
- [ ]
- [ ]
- [ ]

MAY

- [ ]
- [ ]
- [ ]
- [ ]
- [ ]

JUNE

- [ ]
- [ ]
- [ ]
- [ ]
- [ ]

JULY

- [ ]
- [ ]
- [ ]
- [ ]
- [ ]

AUGUST

- [ ]
- [ ]
- [ ]
- [ ]
- [ ]

SEPTEMBER

- [ ]
- [ ]
- [ ]
- [ ]
- [ ]

OCTOBER

- [ ]
- [ ]
- [ ]
- [ ]
- [ ]

NOVEMBER

- [ ]
- [ ]
- [ ]
- [ ]
- [ ]

DECEMBER

- [ ]
- [ ]
- [ ]
- [ ]
- [ ]

MONTHLY TO-DO LIST

JANUARY

FEBRUARY

MARCH

APRIL

MAY

JUNE

JULY

AUGUST

SEPTEMBER

OCTOBER

NOVEMBER

DECEMBER

MONTHLY TO-DO LIST

JANUARY

-
-
-
-
-

FEBRUARY

-
-
-
-
-

MARCH

-
-
-
-
-

APRIL

-
-
-
-
-

MAY

-
-
-
-
-

JUNE

-
-
-
-
-

JULY

-
-
-
-
-

AUGUST

-
-
-
-
-

SEPTEMBER

-
-
-
-
-

OCTOBER

-
-
-
-
-

NOVEMBER

-
-
-
-
-

DECEMBER

-
-
-
-
-

MONTHLY TO-DO LIST

JANUARY	FEBRUARY	MARCH

APRIL	MAY	JUNE

JULY	AUGUST	SEPTEMBER

OCTOBER	NOVEMBER	DECEMBER

MONTHLY TO-DO LIST

JANUARY

-
-
-
-
-

FEBRUARY

-
-
-
-
-

MARCH

-
-
-
-
-

APRIL

-
-
-
-
-

MAY

-
-
-
-
-

JUNE

-
-
-
-
-

JULY

-
-
-
-
-

AUGUST

-
-
-
-
-

SEPTEMBER

-
-
-
-
-

OCTOBER

-
-
-
-
-

NOVEMBER

-
-
-
-
-

DECEMBER

-
-
-
-
-

MONTHLY TO-DO LIST

JANUARY	FEBRUARY	MARCH

APRIL	MAY	JUNE

JULY	AUGUST	SEPTEMBER

OCTOBER	NOVEMBER	DECEMBER

MONTHLY TO-DO LIST

JANUARY

-
-
-
-
-

FEBRUARY

-
-
-
-
-

MARCH

-
-
-
-
-

APRIL

-
-
-
-
-

MAY

-
-
-
-
-

JUNE

-
-
-
-
-

JULY

-
-
-
-
-

AUGUST

-
-
-
-
-

SEPTEMBER

-
-
-
-
-

OCTOBER

-
-
-
-
-

NOVEMBER

-
-
-
-
-

DECEMBER

-
-
-
-
-

MONTHLY TO-DO LIST

JANUARY	FEBRUARY	MARCH
APRIL	MAY	JUNE
JULY	AUGUST	SEPTEMBER
OCTOBER	NOVEMBER	DECEMBER

MONTHLY TO-DO LIST

JANUARY

FEBRUARY

MARCH

APRIL

MAY

JUNE

JULY

AUGUST

SEPTEMBER

OCTOBER

NOVEMBER

DECEMBER

MONTHLY TO-DO LIST

JANUARY	FEBRUARY	MARCH

APRIL	MAY	JUNE

JULY	AUGUST	SEPTEMBER

OCTOBER	NOVEMBER	DECEMBER

MONTHLY TO-DO LIST

JANUARY	FEBRUARY	MARCH

APRIL	MAY	JUNE

JULY	AUGUST	SEPTEMBER

OCTOBER	NOVEMBER	DECEMBER

MONTHLY TO-DO LIST

JANUARY	FEBRUARY	MARCH

APRIL	MAY	JUNE

JULY	AUGUST	SEPTEMBER

OCTOBER	NOVEMBER	DECEMBER

MONTHLY TO-DO LIST

JANUARY

- [ ]
- [ ]
- [ ]
- [ ]
- [ ]

FEBRUARY

- [ ]
- [ ]
- [ ]
- [ ]
- [ ]

MARCH

- [ ]
- [ ]
- [ ]
- [ ]
- [ ]

APRIL

- [ ]
- [ ]
- [ ]
- [ ]
- [ ]

MAY

- [ ]
- [ ]
- [ ]
- [ ]
- [ ]

JUNE

- [ ]
- [ ]
- [ ]
- [ ]
- [ ]

JULY

- [ ]
- [ ]
- [ ]
- [ ]
- [ ]

AUGUST

- [ ]
- [ ]
- [ ]
- [ ]
- [ ]

SEPTEMBER

- [ ]
- [ ]
- [ ]
- [ ]
- [ ]

OCTOBER

- [ ]
- [ ]
- [ ]
- [ ]
- [ ]

NOVEMBER

- [ ]
- [ ]
- [ ]
- [ ]
- [ ]

DECEMBER

- [ ]
- [ ]
- [ ]
- [ ]
- [ ]

MONTHLY TO-DO LIST

JANUARY	FEBRUARY	MARCH
APRIL	MAY	JUNE
JULY	AUGUST	SEPTEMBER
OCTOBER	NOVEMBER	DECEMBER

MONTHLY TO-DO LIST

JANUARY

- [ ]
- [ ]
- [ ]
- [ ]
- [ ]

FEBRUARY

- [ ]
- [ ]
- [ ]
- [ ]
- [ ]

MARCH

- [ ]
- [ ]
- [ ]
- [ ]
- [ ]

APRIL

- [ ]
- [ ]
- [ ]
- [ ]
- [ ]

MAY

- [ ]
- [ ]
- [ ]
- [ ]
- [ ]

JUNE

- [ ]
- [ ]
- [ ]
- [ ]
- [ ]

JULY

- [ ]
- [ ]
- [ ]
- [ ]
- [ ]

AUGUST

- [ ]
- [ ]
- [ ]
- [ ]
- [ ]

SEPTEMBER

- [ ]
- [ ]
- [ ]
- [ ]
- [ ]

OCTOBER

- [ ]
- [ ]
- [ ]
- [ ]
- [ ]

NOVEMBER

- [ ]
- [ ]
- [ ]
- [ ]
- [ ]

DECEMBER

- [ ]
- [ ]
- [ ]
- [ ]
- [ ]

MONTHLY TO-DO LIST

JANUARY	FEBRUARY	MARCH

APRIL	MAY	JUNE

JULY	AUGUST	SEPTEMBER

OCTOBER	NOVEMBER	DECEMBER

MONTHLY TO-DO LIST

JANUARY	FEBRUARY	MARCH

APRIL	MAY	JUNE

JULY	AUGUST	SEPTEMBER

OCTOBER	NOVEMBER	DECEMBER

Made in the USA
Las Vegas, NV
07 August 2024

93484121R00069